U0087920

鸚鵡螺
數學叢書

按圖索驥

——無字的證明

蔡宗佑———著　蔡聰明———審訂

三民書局

《鸚鵡螺數學叢書》總序

本叢書是在三民書局董事長劉振強先生的授意下，由我主編，負責策劃、邀稿與審訂．誠摯邀請關心臺灣數學教育的寫作高手，加入行列，共襄盛舉．希望把它發展成具有公信力、有魅力並且有口碑的數學叢書，叫做「鸚鵡螺數學叢書」．願為臺灣的數學教育略盡棉薄之力．

I 論題與題材

舉凡中小學的數學專題論述、教材與教法、數學科普、數學史、漢譯國外暢銷的數學普及書、數學小說，還有大學的數學論題：數學通識課的教材、微積分、線性代數、初等機率論、初等統計學、數學在物理學與生物學上的應用等等，皆在歡迎之列．在劉先生全力支持下，相信工作必然愉快並且富有意義．

我們深切體認到，數學知識累積了數千年，內容多樣且豐富，浩瀚如汪洋大海，數學通人已難尋覓，一般人更難以親近數學．因此每一代的人都必須從中選擇優秀的題材，重新書寫：注入新觀點、新意義、新連結．**從舊典籍中發現新思潮，讓知識和智慧與時俱進，給數學賦予新生命**．本叢書希望聚焦於當今臺灣的數學教育所產生的問題與困境，以幫助年輕學子的學習與教師的教學．

從中小學到大學的數學課程，被選擇來當教育的題材，幾乎都是很古老的數學．但是數學萬古常新，沒有新或舊的問題，只有寫得好或壞的問題．兩千多年前，古希臘所證得的畢氏定理，在今日多元的光照下只會更加輝煌、更寬廣與精深．自從古希臘的成功商人、第一位哲學家兼數學家泰利斯 (Thales) 首度提出兩個石破天驚的宣言：**數**

學要有證明，以及**要用自然的原因來解釋自然現象**（拋棄神話觀與超自然的原因）．從此，開啟了西方理性文明的發展，因而產生**數學、科學、哲學**與民主，幫助人類從農業時代走到工業時代，以至今日的電腦資訊文明．這是人類從野蠻蒙昧走向文明開化的歷史．

古希臘的數學結晶於歐幾里德 13 冊的《原本》(*The Elements*)，包括平面幾何、數論與立體幾何，加上阿波羅紐斯 (Apollonius)8 冊的《圓錐曲線論》，再加上阿基米德求面積、體積的偉大想法與巧妙計算，使得它幾乎悄悄地來到微積分的大門口．這些內容仍然是今日中學的數學題材．我們希望能夠學到大師的數學，也學到他們的高明觀點與思考方法．

目前中學的數學內容，除了上述題材之外，還有代數、解析幾何、向量幾何、排列與組合、最初步的機率與統計．對於這些題材，我們希望在本叢書都會有人寫專書來論述．

‖ 讀者對象

本叢書要提供豐富的、有趣的且有見解的數學好書，給小學生、中學生到大學生以及中學數學教師研讀．我們會把每一本書適用的讀者群，定位清楚．一般社會大眾也可以衡量自己的程度，選擇合適的書來閱讀．我們深信，**閱讀好書是提升與改變自己的絕佳方法**．

教科書有其客觀條件的侷限，不易寫得好，所以要有其他的數學讀物來補足．本叢書希望在寫作的自由度幾乎沒有限制之下，寫出各種層次的好書，讓想要進入數學的學子有好的道路可走．看看歐美日各國，無不有豐富的普通數學讀物可供選擇．這也是本叢書構想的發端之一．

學習的精華要義就是，**儘早學會自己獨立學習與思考的能力**．當這個能力建立後，學習才算是上軌道，步入坦途．可以隨時學習、終

身學習, 達到「真積力久則入」的境界.

我們要指出: 學習數學沒有捷徑, 必須要花時間與精力, 用大腦思考才會有所斬獲. 不勞而獲的事情, 在數學中不曾發生. 找一本好書, 靜下心來研讀與思考, 才是學習數學最平實的方法.

III 鸚鵡螺的意象

本叢書採用鸚鵡螺 (Nautilus) 貝殼的剖面所呈現出來的奇妙螺線 (spiral) 為標誌 (logo), 這是基於數學史上我喜愛的一個數學典故, 也是我對本叢書的期許.

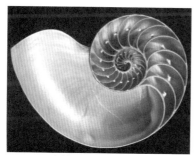
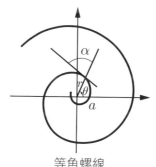

鸚鵡螺貝殼的剖面　　　　　　等角螺線

鸚鵡螺貝殼的螺線相當迷人, 它是等角的, 即向徑與螺線的交角 α 恆為不變的常數 ($\alpha \neq 0°, 90°$), 從而可以求出它的極坐標方程式為 $r = ae^{\theta \cot \alpha}$, 所以它叫做**指數螺線**或**等角螺線**, 也叫做**對數螺線**, 因為取對數之後就變成阿基米德螺線. 這條曲線具有許多美妙的數學性質, 例如自我形似 (self-similar)、生物成長的模式、飛蛾撲火的路徑、黃金分割以及費氏數列 (Fibonacci sequence) 等等都具有密切的關係, 結合著數與形、代數與幾何、藝術與美學、建築與音樂, 讓瑞士數學家白努利 (Bernoulli) 著迷, 要求把它刻在他的基碑上, 並且刻上一句拉丁文:

Eadem Mutata Resurgo

此句的英譯為：

Though changed, I arise again the same.

意指「**雖然變化多端，但是我仍舊再度升起**」．這蘊含有「變化中的不變」之意，象徵規律、真與美．

鸚鵡螺來自海洋，海浪永不止息地拍打著海岸，啟示著恆心與毅力之重要．最後，期盼本叢書如鸚鵡螺之「歷劫不變」，在變化中照樣升起，帶給你啟發的時光．

> 眼閉
> 從一顆鸚鵡螺
> 傾聽真理大海的
> 吟唱
>
> 靈開
> 從每一個瞬間
> 窺見當下無窮的
> 奧妙
>
> 了悟
> 從好書求理解
> 打開眼界且點燃
> 思想

蔡聰明

2012 歲末

推薦序一

我從 2004 年開始,在臺大擔任師培中心數學教材教法的講師,並負責同學們的校外實習。在這十年當中所遇到的學生／老師,最認真的就是本書的作者蔡宗佑。

宗佑在臺大數學系畢業之後,到新北市立新北高中(原國立三重高中)實習,接著被延聘在這所高中擔任數學老師。他教書認真,關心學習落後的同學,並時時求數學的精進。這一本書一方面是宗佑自行研發的輔助教材,另一方面也是教學時得到的啟發。

本來在學數學時,數與形是兩個最重要的元素。以畢氏定理為例,出現在國中教材的中國弦證明,歷經 2000 年的歷史,至今仍是最經典的範例。宗佑把這個證明擺在他書中的第一個例子。

除此之外,本書利用圖形證明了許多定理,同學們若是用本書的圖證來思考定理的內涵,必定獲益良多。

我很願意推薦此書給高中、國中的同學及老師,即使是專業的數學家也能從中得到啟發。

臺大數學系教授

張海潮

2015 年 12 月

推薦序二

究其理、察其形、觀其妙——數學概念的學習

我在臺大師資培育中心任教多年,經常會到各地探望實習老師的試教、到學校去觀摩老師教學、也會帶學生到偏遠地區或都會地區協助弱勢兒童學習。在我的觀察中,有許多孩童的確對於數學許多不太能掌握,因此產生懼怕或排斥感。從我們前兩年的會考成績中,有幾乎 $\frac{1}{3}$ 的學生數學得到 C 等的成績,可以看見端倪。

根據我的觀察,許多老師可能會採用以下的幾種方法教數學,第一,教得很快很難,以顯現自己的強大與數學的偉大;第二,教得很少很簡單,讓學生學習沒有挫折感;第三,用其他的方法來引起學生注意,例如分組玩遊戲等,很熱鬧有趣味。但是這些其實並不能解決學生在學習數學時最大的難點,也就是把數學概念清楚理解,能夠看到這個概念的緣起;甚至融會貫通,也就是看到此概念與其他概念的相通之處。

概念的建立需要花時間。在進入某個教學主題時,老師可能需要花比較多的時間,「講解」這個概念。不論是介紹這個概念的內涵,或是在說明這個概念的發現過程歷史,還是在說明這個概念與其他概念的相連之處,都是「講解」的內容。一般而言,因為一堂課的時間限制,一些老師在介紹概念時,可能很快地講一下這個概念的意思,然後就進入公式的推導及演算。因此學生可能在尚未瞭解這個概念,對這個概念還在模糊的狀態中時,就需要用公式來解題,所以也只能趕快設法記住公式。

　　本書所呈現的，恰好是提供了一個開拓數學概念理解的方法與機會。不論是國中生還是高中生，通常不容易把各種算式以幾何圖像的方式來理解或想像。就算是幾何本身的概念，也不容易在各種不同的觀念之間做一個連結。但是本書運用了非常簡單扼要的步驟，把多種幾何的概念，用簡單的方或圓的圖形，介紹其間的關係，讓學習者一目了然地理解一個概念乃至其公式的來源。而更神奇的是，連配方法、平方差、代數公式甚至算幾不等式等，都依然可以用簡單的幾何圖形來理解，真有令人耳目一新、豁然開朗的感受。也會覺得原來算式幾何同一家的感動。

　　愛因斯坦的叔叔曾經跟他說，代數好像一隻在森林中奔跑的野獸，而解決代數問題就如同獲得捕獲野獸的樂趣。如果老師和學生可以藉由此書中介紹的方法，看出幾何與算數同一家的興味，那麼，應該也會興起更進一步去問、去探索的興趣吧。

　　我認識宗佑十多年。從他還是學生時期起，就非常欣賞及佩服他不斷挑戰新知與新方法的熱情與動力。尤其是他對於各種不同的背景與學習態度的學生的理解，更是日益深化與進步。感謝他善用繪圖軟體來繪製多種圖形，引導學生的思考。相信這樣一本書，應是結集了他多年的數學教學概念的不斷澄清與教導各樣學生的切身體驗的成果。期待更多的老師與學生可以從這本書受惠！

臺大師培中心教授

2016 年 1 月

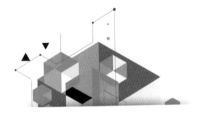

自　序

萊茵巴哈 (H. Reichenbach) 曾將科學的學習歷程分為：**發現及驗證** (the context of discovery and the context of justification) 這兩個階段. 人類不斷地透過觀察自然, 體察事物, 利用邏輯找出及發現可能的模式, 再敘述及驗證之, 達到分析、體認這自然世界, 來說明、闡述自然哲理, 更能運用這模式與能力做抽象思考以及解決所遇到的問題.

敝人感謝三民書局, 特別是臺灣大學的蔡聰明教授, 指導及幫忙審訂, 並給了我這個機會向數學界, 特別是國、高中生及奉獻給中學教育的前輩、老師們呈現這本作品, 這是屬於理解數學證明的小品. 在從事數學教學中, 引導學生認識證明是進入數學思考中很紮實的一環, 介紹：**直接證法、間接證法**和**數學歸納法**, 利用文字敘述、符號表達、邏輯推演, 都儘可能嚴謹地向學生呈現. 敝人觀察出學生有多元的學習能力, 透過眼到、心到、手到等等方式, 找到屬於自己學習數學的竅門, 不獨是運算式的堆疊, 也需要繪製適當圖形作為輔助, 更是數與形兩大數學學理根基的展現, 於是在教學歷程累積下來, 整理出這一本「按圖索驥」!

這本「按圖索驥」不論是對學養豐富的教師學者們, 漸漸成熟的學生族群, 或正在修習的初學者, 都很適合參閱, 在這本書中努力的方向是以「**多元化、具啟發性、具參考性、有記憶點**」這幾個要點做發揮, 希望在傳統的論證架構之上, 讓數學學習中加入多元的聯想力, 富有創造性的思考力, 雖不敢稱妙不可言、打破成規, 但內心是希望可以另闢蹊徑, 多走出一個方向, 縱使路途雖遠, 心仍嚮往之.

本書針對中學教材及科普知識中的主題, 共有六章, 分為兩冊：

第一冊有三章，第一章基礎幾何：畢氏定理、三角形面積、西瓦定理等等；第二章基礎代數：乘法公式、配方法等等；第三章不等式：四大平均不等式及應用、Jordan 不等式等等. 第二冊也有三章，第四章三角學：正餘弦定理、和角公式、和差化積、正弦疊合等等；第五章數列與級數：連續整數和、三角數、費氏數列等等；第六章極限與微積分：分部積分、無窮等比級數和等等.

每一個主題皆以「起、承、轉、合」的方式繪製四個圖形，搭配顏色為運算邏輯上增添層次，讓讀者將四張圖細細閱讀時，有如親身經歷一般，輕鬆簡易地完成主題的論證；本書也提供同一個主題的多種證法，希望能帶給讀者更多元的啟發，能從中取得更多共鳴.

其次，敝人要感恩及感謝編寫這本書一路上朋友的鼓勵與幫忙，還有幾位不可多得的貴人. 在求學時期就深深影響我，時刻地給我鼓勵與啟發的臺灣大學張海潮教授，教授時常勉勵：「作為一個老師做學問不能越做越差，要時時精進，時時充實」，這也是敝人家裡書桌上的箴言，藉此勉勵自己充實能力，更進一步.

臺灣大學蔡聰明教授，是敝人完成此書的最大動力與指引. 在跟隨蔡教授學習的過程中，聽教授將舊典籍娓娓道來，卻富有新的靈感；把古今中外的數學知識及史料，開闊縱橫，融會貫通，不自覺嚮往之. 蔡教授學識淵博，中學數學、科普知識及數學史料無不精通，成了此書最重要的動力來源，是踏實的請益對象，也是溫暖的師長長輩，更是在出版數學書籍道路上最為豐富且嚴謹的學者教授.

最後，敝人將此書呈現給各位讀者，希望能有所共鳴，雖有不足的地方，尚祈不吝指教.

2015 年 12 月

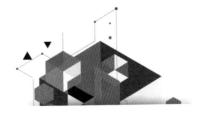

導　讀

古希臘畢達哥拉斯（Pythagoras，約 570–490 B.C.）小時候在愛琴海的海邊撿拾小石子遊玩，偶然排成下面正方形的圖案：

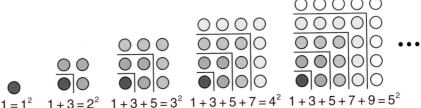

$$1 = 1^2 \qquad 1+3 = 2^2 \qquad 1+3+5 = 3^2 \qquad 1+3+5+7 = 4^2 \qquad 1+3+5+7+9 = 5^2$$

從而發現了首 n 項奇數之和為 n 的平方：

$$1 + 3 + 5 + \cdots + (2n - 1) = n^2$$

後人尊稱此式為畢氏公式。

　　其次我們看畢氏定理，它是幾何學的一個核心結果，有 520 種證明方法，獨領數學的第一，其中的一個證明方法是印度數學家 Bhaskara(1114–1185) 提出的。他作出下面的圖，然後口讚而出："Lo and Behold（瞧呀！看呀！）"

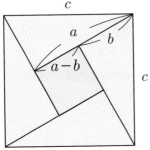
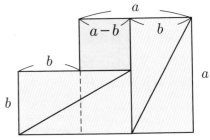

於是就完成了 $c^2 = a^2 + b^2$ 的證明。

上面兩個例子都稱為無字的證明 (Proofs Without Words)，簡潔漂亮，像一首最精簡的詩——俳句，堪稱「一個圖勝過千言萬語」。

在古代的中國、希臘、阿拉伯、印度已出現過這樣的證明方式。只要作個適當的創意圖，不發一語，就可以洞察出一個公式或定理，這就是無字的證明，正是本書所要呈現的主題。

自從古希臘的泰利斯（Thales，約 624–546 B.C.）在西元前 600 年左右發出數學要有證明的呼聲，從此數學如鶴立雞群般成為最嚴謹且精確的一門學問。證明變成是數學的核心，沒有證明就沒有數學。甚麼是數學的證明？透過計算與邏輯論述推導出結論。

然而，在教學與學習上，嚴謹的邏輯式證明對學生往往造成困擾，產生學習的障礙。因此，尋求另外的方式，運用圖解的無字證明，不失為是一個好策略，可以讓學生比較容易親近數學，增加趣味性，並且易學又易懂。

作出一個好圖，洞察出答案，永遠是極富挑戰性的求知活動。筆者回憶在小學時代，印象最深刻的事情是圖解算術，面對一個四則應用問題，例如雞兔同籠問題、和差問題、年齡問題等等，只要畫一個圖就可以得到：aha! 我知道如何算出答案了。那是一段美好的學習數學的快樂時光。

當本書作者宗佑拿來他寫的原稿時，讓我看到一位高中數學教師，願意努力把他的教學精進做整理並且寫出來，實在令我感動。我建議他把書出版，以饗更多的讀者。

本書的題材與內容適合國中生與高中生的研讀，我也很樂意推薦給數學教師。對學習者而言，要先學會欣賞前人的創意，然後再啟發自己的創意。期望年輕學子奮起！

蔡聰明

按圖索驥
── 無字的證明

CONTENTS

C1 基礎幾何

1-01 畢氏定理 (I)

在直角三角形 ABC 中，a, b, c 為三邊長
若 $\angle C = 90°$，則 $c^2 = a^2 + b^2$

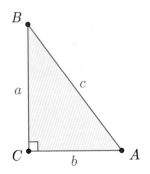

直角三角形兩股 a, b，斜邊為 c

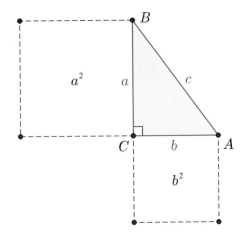

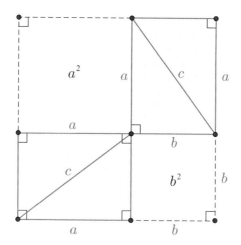

邊長為 $a+b$ 的正方形中，白色部分面積為 $a^2 + b^2$

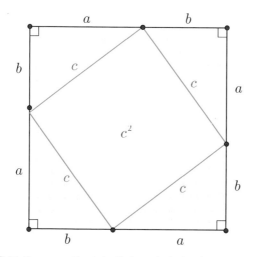

邊長為 $a+b$ 的正方形中，白色部分面積為 c^2

故 $c^2 = a^2 + b^2$

1-02 畢氏定理 (II)

美國總統 Garfield 證

在直角三角形 ABC 中，a, b, c 為三邊長

若 $\angle C = 90°$，則 $c^2 = a^2 + b^2$

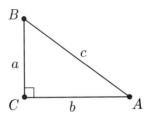

在直角三角形 ABC 中，兩股 a, b，斜邊為 c

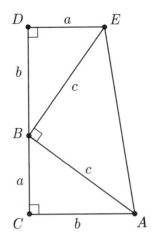

延伸 $\overline{BC}$ 並取 $\overline{BD} = b$，作 $\overline{DE} = a$ 且 $\overline{DE} \perp \overline{BD}$，得一梯形 $CDEA$

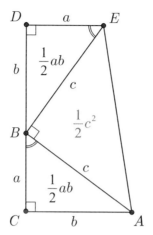

$$梯形面積 = \frac{1}{2}ab + \frac{1}{2}ab + \frac{1}{2}c^2 = ab + \frac{1}{2}c^2$$

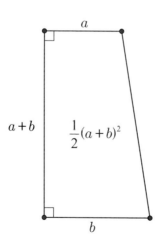

$$梯形面積 = \frac{1}{2}(a+b)^2 = \frac{1}{2}(a^2 + 2ab + b^2) = ab + \frac{1}{2}(a^2 + b^2)$$
$$\Rightarrow \quad c^2 = a^2 + b^2$$

1-03 畢氏定理 (III)

在直角三角形 ABC 中，a, b, c 為三邊長
若 $\angle C = 90°$，則 $c^2 = a^2 + b^2$

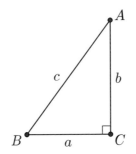

在直角三角形 ABC 中，兩股 a, b，斜邊為 c

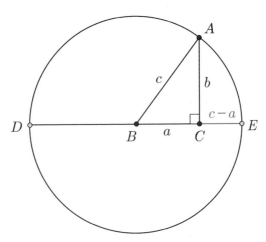

以 B 為圓心 c 為半徑畫圓，延伸 $\overleftrightarrow{BC}$ 交圓周於 D, E

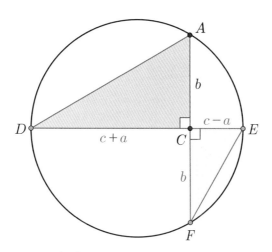

延伸 $\overleftrightarrow{AC}$ 交圓周於 F，並連 $\overline{AD}$, $\overline{EF}$

顯然 $\triangle CDA \sim \triangle CFE$ $\quad\Rightarrow\quad \dfrac{c+a}{b} = \dfrac{b}{c-a}$

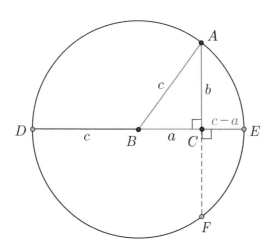

在直角 $\triangle ABC$ 中，滿足 $b^2 = (c+a)(c-a) = c^2 - a^2$

$$\Rightarrow c^2 = a^2 + b^2$$

1-04 畢氏定理 (IV)

相似直角三角形的斜邊乘積 = 對應兩股的乘積和

$$cc' = aa' + bb'$$

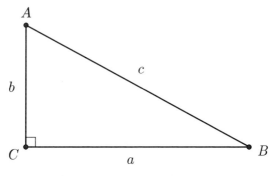

直角三角形兩股 a, b，斜邊為 c

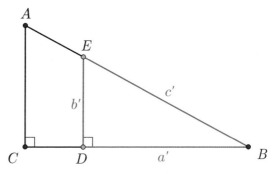

作 $\overline{DE}$ 垂直 $\overline{BC}$ 於 D，可得 $\triangle ABC \sim \triangle EBD$

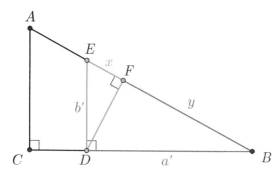

作 $\overline{DF}$ 垂直 $\overline{AB}$ 於 F，可得 $\triangle ABC \sim \triangle EDF$

$$\Rightarrow \quad \frac{x}{b'} = \frac{b}{c} \quad \Rightarrow \quad cx = bb'$$

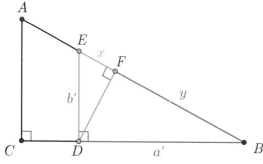

又 $\triangle ABC \sim \triangle BFD \quad \Rightarrow \quad \dfrac{y}{a'} = \dfrac{a}{c} \quad \Rightarrow \quad cy = aa'$

$\Rightarrow \quad c(x + y) = aa' + bb' \quad \Rightarrow \quad cc' = aa' + bb'$

若 $a = a'$，$b = b'$，$c = c'$，則為畢氏定理 $c^2 = a^2 + b^2$

1-05 直角三角形面積 = 兩月牙形面積和

直角三角形面積 = 兩月牙形面積和

$$T_1 = L_1 + L_2$$

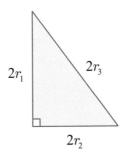

直角三角形兩股長為 $2r_1$, $2r_2$，斜邊為 $2r_3$

由畢氏定理知 $(2r_1)^2 + (2r_2)^2 = (2r_3)^2 \implies r_1^2 + r_2^2 = r_3^2$

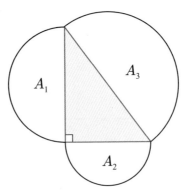

直角三角形兩股及斜邊，依序作半圓，面積為 A_1, A_2, A_3

$$A_1 = \frac{\pi}{2}r_1^2, \; A_2 = \frac{\pi}{2}r_2^2, \; A_3 = \frac{\pi}{2}r_3^2 \implies A_1 + A_2 = A_3$$

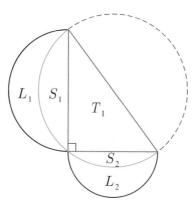

其中 $A_1 = L_1 + S_1$, $A_2 = L_2 + S_2$, $A_3 = S_1 + S_2 + T_1$

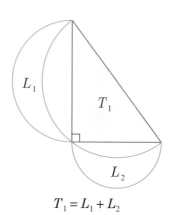

$$T_1 = L_1 + L_2$$

1-06 直角三角形兩股與斜邊之不等式

直角三角形兩股 a, b，斜邊 c，則有 $a+b \leq c\sqrt{2}$

若 $a=b$ 時，則 $a+b=c\sqrt{2}$

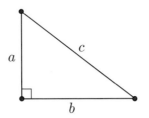

直角三角形兩股 a, b，斜邊 c

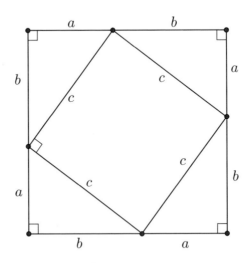

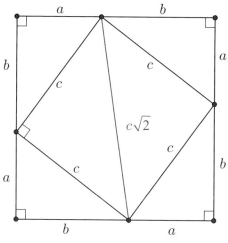

當 $a \neq b$ 時，則 $a + b < c\sqrt{2}$

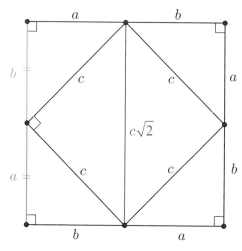

當 $a = b$ 時，則 $a + b = c\sqrt{2}$

1-07 封閉 n 芒星之內角和

可以一筆畫完成的封閉 n 芒星之內角和 $= 180°$

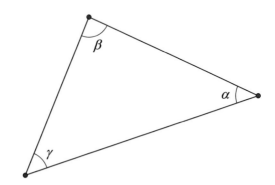

封閉三芒星，即為三角形，內角和顯然 $= 180°$

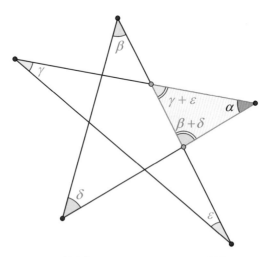

五芒星 $\alpha + \beta + \gamma + \delta + \varepsilon = 180°$

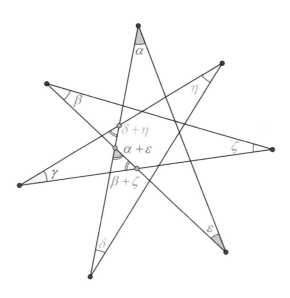

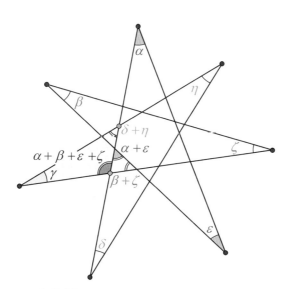

七芒星 $\alpha + \beta + \gamma + \delta + \varepsilon + \zeta + \eta = 180°$

1-08 四邊形面積

$$四邊形面積 \leq \frac{1}{2} \text{ 對角線長度乘積}$$

$$等號成立 \Leftrightarrow 兩對角線垂直$$

無論凸四邊形或是凹四邊形，此性質皆成立

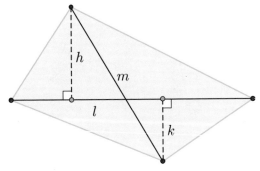

$$凸四邊形的面積 = \frac{1}{2} l \times h + \frac{1}{2} l \times k = \frac{1}{2} l \times (h+k) \leq \frac{1}{2} l \times m$$

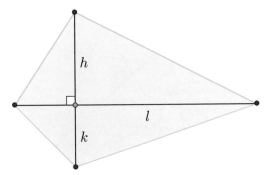

等號成立時，$h + k = m$，即兩對角線 l, m 互相垂直

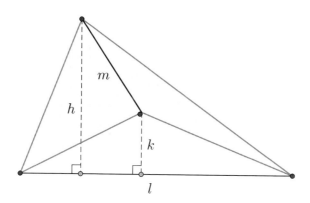

凹四邊形面積 $= \dfrac{1}{2}l \times h - \dfrac{1}{2}l \times k = \dfrac{1}{2}l(h-k) \le \dfrac{1}{2}l \times m$

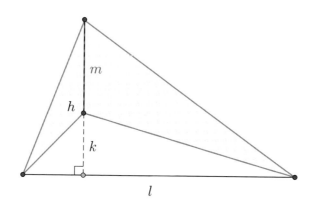

等號成立時，$h-k=m$，即兩對角線 l, m 互相垂直

1-09 三角形面積 (I)

$$三角形面積 = \frac{1}{2} \text{ 底} \times 高 = \frac{1}{2}ab$$

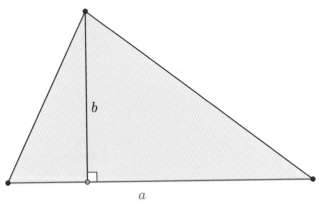

三角形之底 a，高 b

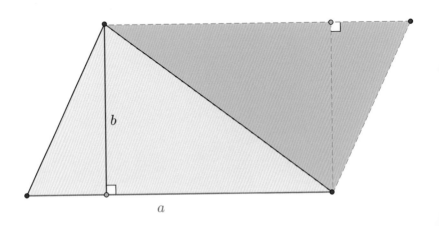

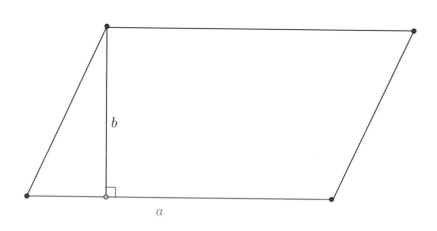

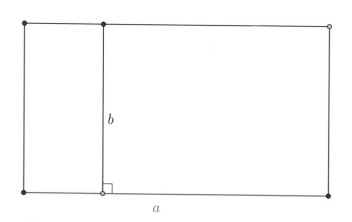

矩形的面積為 ab

原三角形的面積為 $\dfrac{1}{2}ab$

1-10 三角形面積 (II)

$$三角形面積 = \frac{1}{2}\,底 \times 高 = \frac{1}{2}ab$$

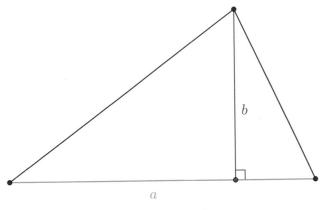

三角形之底 a，高 b

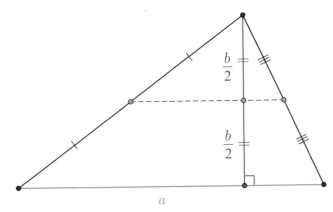

作兩邊中點連線段，此線段必平行底 a 且過高之中點

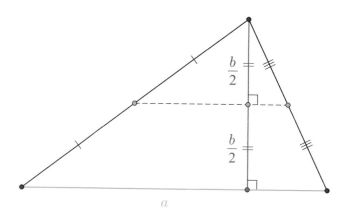

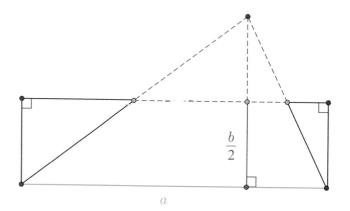

三角形面積等於矩形面積 $= \dfrac{1}{2}ab$

1-11 直角三角形之內切圓半徑

直角三角形的兩股長 a, b，斜邊 c，內切圓半徑 r，則

$$r = \frac{a+b-c}{2} \quad \text{或} \quad r = \frac{ab}{a+b+c}$$

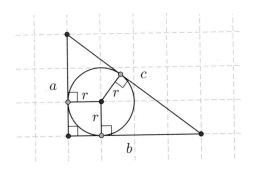

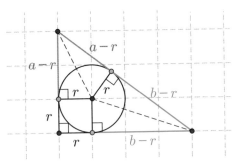

$$c = a + b - 2r \quad \Rightarrow \quad r = \frac{a+b-c}{2}$$

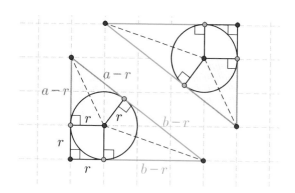

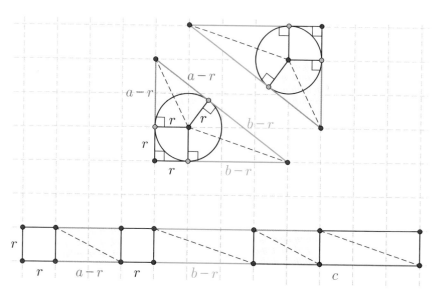

$$兩直角三角形面積和 \quad ab = r(a+b+c) \quad \Rightarrow \quad r = \frac{ab}{a+b+c}$$

1-12 內切圓半徑

在 $\triangle ABC$ 中，三邊長為 a, b, c，內切圓半徑為 r，則

$$r = \frac{2\triangle ABC}{a+b+c} \text{ 或 } \triangle ABC = r \times \left(\frac{a+b+c}{2}\right)$$

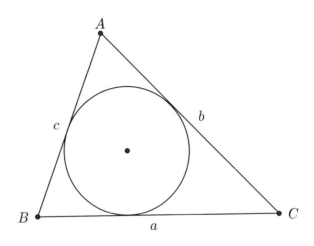

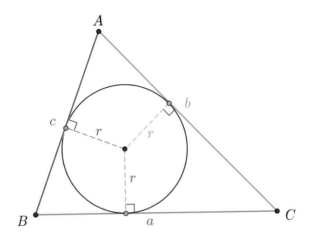

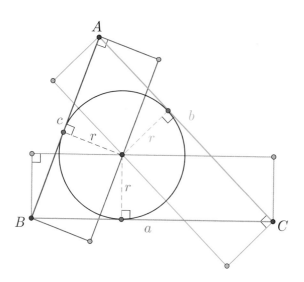

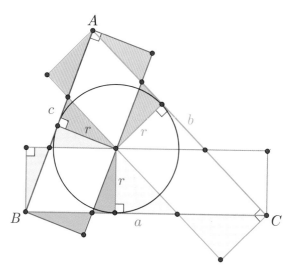

$$(a + b + c)r = 2\triangle ABC \quad \Rightarrow \quad r = \frac{2\triangle ABC}{a + b + c}$$

1-13 西瓦定理

$\triangle ABC$ 三邊 $\overline{BC}, \overline{CA}, \overline{AB}$ 上分別有內分點 D, E, F，且 $\overline{AD}, \overline{BE}, \overline{CF}$ 共交於一點，則 $\dfrac{\overline{AF}}{\overline{FB}} \times \dfrac{\overline{BD}}{\overline{DC}} \times \dfrac{\overline{CE}}{\overline{EA}} = 1$

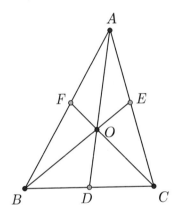

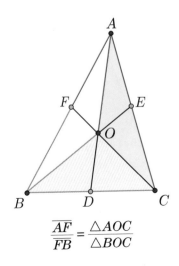

$$\frac{\overline{AF}}{\overline{FB}} = \frac{\triangle AOC}{\triangle BOC}$$

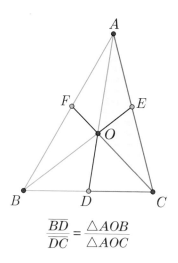

$$\frac{\overline{BD}}{\overline{DC}} = \frac{\triangle AOB}{\triangle AOC}$$

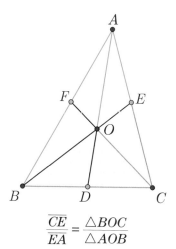

$$\frac{\overline{CE}}{\overline{EA}} = \frac{\triangle BOC}{\triangle AOB}$$

$$\frac{\overline{AF}}{\overline{FB}} \times \frac{\overline{BD}}{\overline{DC}} \times \frac{\overline{CE}}{\overline{EA}} = \frac{\triangle AOC}{\triangle BOC} \times \frac{\triangle AOB}{\triangle AOC} \times \frac{\triangle BOC}{\triangle AOB} = 1$$

1-14 孟氏定理 (I)

直線 L 截 $\triangle ABC$ 之三邊（或其延伸線）$\overleftrightarrow{BC}$, $\overleftrightarrow{CA}$, $\overleftrightarrow{AB}$ 於 D, E, F，則 $\dfrac{\overline{AF}}{\overline{FB}} \times \dfrac{\overline{BD}}{\overline{DC}} \times \dfrac{\overline{CE}}{\overline{EA}} = 1$

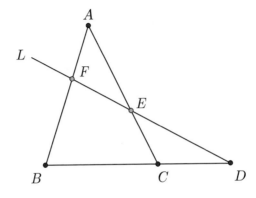

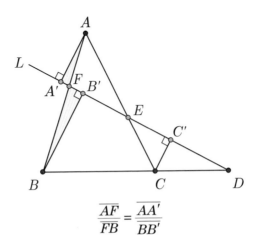

$$\frac{\overline{AF}}{\overline{FB}} = \frac{\overline{AA'}}{\overline{BB'}}$$

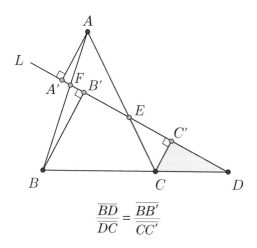

$$\frac{\overline{BD}}{\overline{DC}} = \frac{\overline{BB'}}{\overline{CC'}}$$

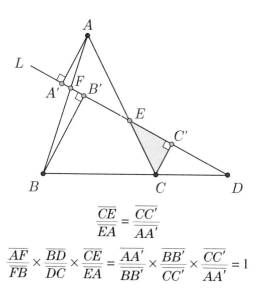

$$\frac{\overline{CE}}{\overline{EA}} = \frac{\overline{CC'}}{\overline{AA'}}$$

$$\frac{\overline{AF}}{\overline{FB}} \times \frac{\overline{BD}}{\overline{DC}} \times \frac{\overline{CE}}{\overline{EA}} = \frac{\overline{AA'}}{\overline{BB'}} \times \frac{\overline{BB'}}{\overline{CC'}} \times \frac{\overline{CC'}}{\overline{AA'}} = 1$$

1-15 孟氏定理 (II)

直線 L 截 $\triangle ABC$ 之三邊（或其延伸線）$\overleftrightarrow{BC}, \overleftrightarrow{CA}, \overleftrightarrow{AB}$ 於 D, E, F，則 $\dfrac{\overline{AF}}{\overline{FB}} \times \dfrac{\overline{BD}}{\overline{DC}} \times \dfrac{\overline{CE}}{\overline{EA}} = 1$

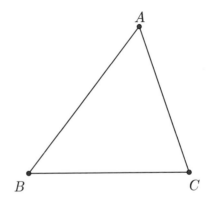

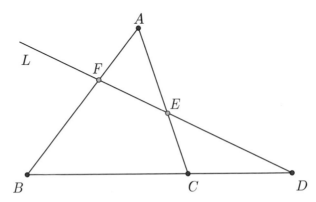

直線 L 截 $\triangle ABC$ 之三邊（或其延伸線）$\overleftrightarrow{BC}, \overleftrightarrow{CA}, \overleftrightarrow{AB}$ 於 D, E, F

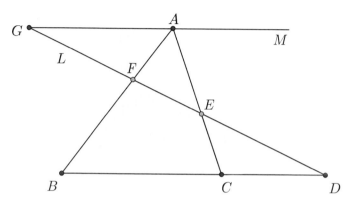

過 A 作一條平行 $\overleftrightarrow{BD}$ 之直線 M，交直線 L 於 G

$\because \triangle FAG \sim \triangle FBD,\quad \therefore \dfrac{\overline{AF}}{\overline{FB}} = \dfrac{\overline{AG}}{\overline{BD}}$

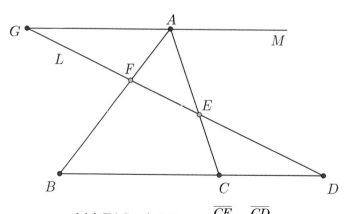

$\because \triangle EAG \sim \triangle ECD,\quad \therefore \dfrac{\overline{CE}}{\overline{EA}} = \dfrac{\overline{CD}}{\overline{AG}}$

$$\dfrac{\overline{AF}}{\overline{FB}} \times \dfrac{\overline{BD}}{\overline{DC}} \times \dfrac{\overline{CE}}{\overline{EA}} = \dfrac{\overline{AG}}{\overline{BD}} \times \dfrac{\overline{BD}}{\overline{DC}} \times \dfrac{\overline{DC}}{\overline{AG}} = 1$$

1-16 點到直線距離

已知點 $A(x_0, y_0)$ 到直線 $ax + by + c = 0$ 的距離 d

$$d = \frac{|ax_0 + by_0 + c|}{\sqrt{a^2 + b^2}}$$

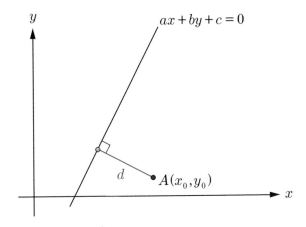

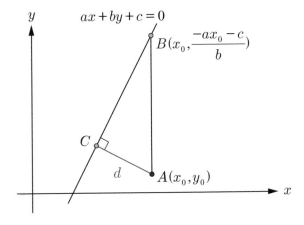

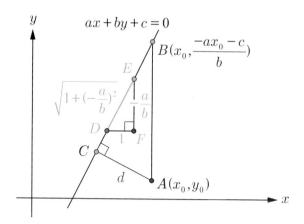

直線上 x 方向每增加 1，則 y 方向增加 $-\dfrac{a}{b}$，可得一直角 $\triangle DEF$

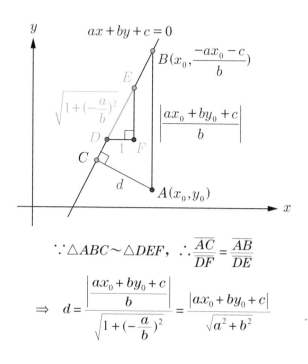

$$\because \triangle ABC \sim \triangle DEF, \quad \therefore \frac{\overline{AC}}{\overline{DF}} = \frac{\overline{AB}}{\overline{DE}}$$

$$\Rightarrow \quad d = \frac{\left|\dfrac{ax_0 + by_0 + c}{b}\right|}{\sqrt{1 + (-\dfrac{a}{b})^2}} = \frac{|ax_0 + by_0 + c|}{\sqrt{a^2 + b^2}}$$

1-17 二階行列式之幾何意義

由兩向量 (a, b) 和 (c, d) 所圍成的平行四邊形面積為

$$\begin{vmatrix} a & b \\ c & d \end{vmatrix}$$ 之絕對值

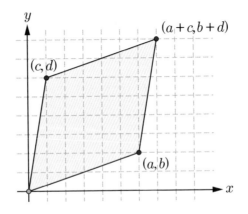

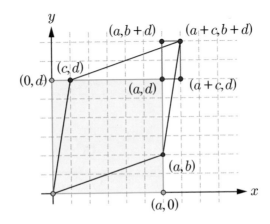

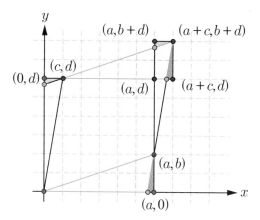

紫色與粉紅色的部分面積並不屬於平行四邊形的

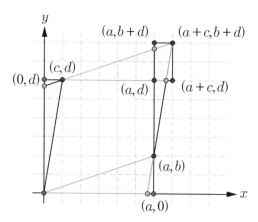

且綠色與橘色重疊的藍色是重複計算的面積

故平行四邊形的面積為 $ad - bc$ 的絕對值

1-18 黃金比例

正五邊形的對角線長度與邊長之比值為黃金比例 $\dfrac{\sqrt{5}+1}{2}$

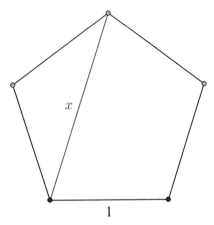

x

1

正五邊形中，假設邊長為 1

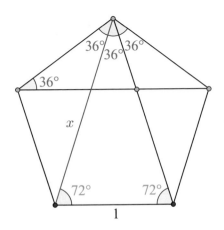

$36°$　$36°$　$36°$

$36°$

x

$72°$　　　$72°$

1

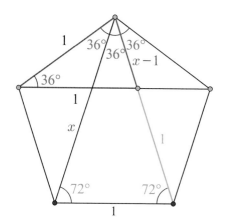

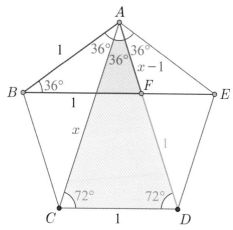

$$\because \triangle ACD \sim \triangle BAF, \quad \therefore \frac{\overline{AC}}{\overline{CD}} = \frac{\overline{AB}}{\overline{AF}} \quad \Rightarrow \quad \frac{x}{1} = \frac{1}{x-1}$$

$$\Rightarrow \quad x^2 - x - 1 = 0 \quad \Rightarrow \quad x = \frac{1 \pm \sqrt{5}}{2} \quad (負不合)$$

1-19 圓內接正三角形與黃金比例

圓內接正三角形兩邊中點連線段 $\overline{BC}$

與延伸線段 $\overline{CD}$ 之比值為黃金比例 $\dfrac{\sqrt{5}+1}{2}$

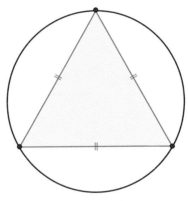

圓內接正三角形

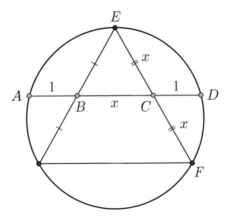

取兩邊中點連線段，設 $\overline{AB}=\overline{CD}=1$，且 $\overline{BC}=x$

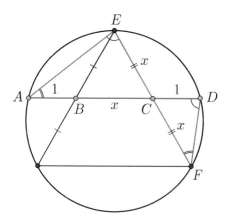

$$\because \triangle ACE \sim \triangle FCD \quad \Rightarrow \quad x^2 = 1 \times (x+1) \quad \Rightarrow \quad x = \frac{1 \pm \sqrt{5}}{2} \quad (\text{負不合})$$

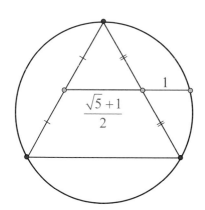

1-20 圓內接正 $2n$ 邊形的面積與 正 n 邊形周長之關係

圓內接正 $2n$ 邊形的面積 $= \dfrac{r}{2} \times$ 正 n 邊形周長

其中 r 為圓之半徑

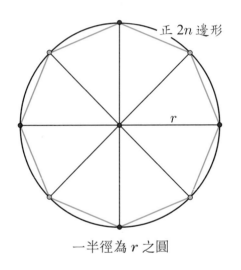

一半徑為 r 之圓

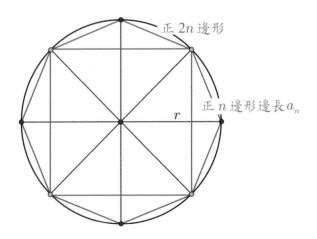

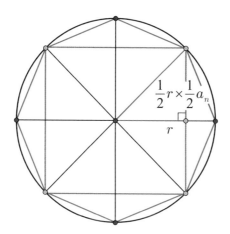

正 $2n$ 邊形的面積 $= 2n \times \dfrac{1}{2} \times r \times \dfrac{1}{2} a_n = \dfrac{r}{2}(n \times a_n)$

$\qquad\qquad\qquad = \dfrac{r}{2} \times$ 正 n 邊形之周長

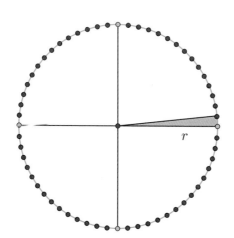

當 $n \to \infty$，則正 $2n$ 邊形的面積 $\to$ 圓面積，正 n 邊形之周長 $\to$ 圓周長

$\Rightarrow \quad$ 圓面積 $= \dfrac{r}{2} \times$ 圓周長 $= \pi r^2$

1-21 正四面體高之垂足（外心）

正四面體 $ABCD$，由 A 作底面 $\triangle BCD$ 之高 $\overline{AH}$，H 為垂足

H 為 $\triangle BCD$ 之外心

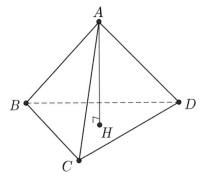

正四面體 $ABCD$，由 A 作底面 $\triangle BCD$ 之高 $\overline{AH}$，H 為垂足

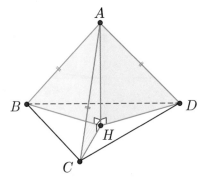

$$\triangle ABH \cong \triangle ACH \cong \triangle ADH \ (RHS) \quad \Rightarrow \quad \overline{BH} = \overline{CH} = \overline{DH}$$

H 為 $\triangle BCD$ 之外心

1-22 正四面體高之垂足（重心）

正四面體 $ABCD$，由 A 作底面 $\triangle BCD$ 之高 $\overline{AH}$，H 為垂足

H 為 $\triangle BCD$ 之重心

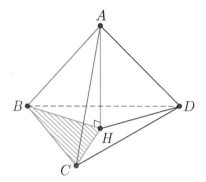

對 $\triangle ABC$ 作正投影，得正投影 $\triangle HBC$

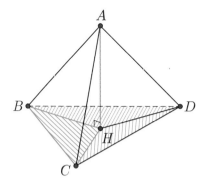

因 $\triangle ABC = \triangle ACD = \triangle ADB$，分別作正投影得

$\triangle HBC = \triangle HCD = \triangle HDB$，故 H 為 $\triangle BCD$ 之重心

1-23 錐體與柱體體積

$$柱體體積 = 底面積 \times 高 = B \times h, \quad 則錐體體積 = \frac{1}{3}B \times h$$

以三角錐與三角柱為例

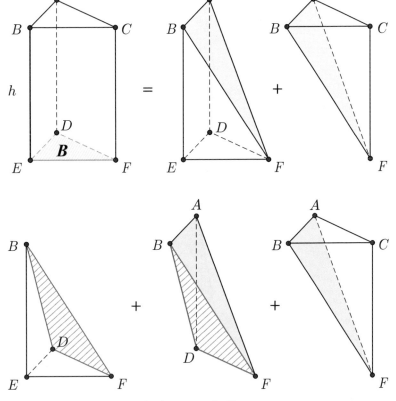

三角柱 *ABC–DEF* 可切割為三個三角錐 *B–DEF*, *A–BDF*, *F–ABC*

且三角錐 *B–DEF* 與三角柱 *ABC–DEF* 具有相同底面積與高

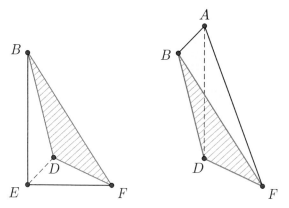

三角錐 *B–DEF*, *A–BDF* 皆以 △*BDF* 為底面，且高相等

可得三角錐 *B–DEF*, *A–BDF* 體積相等

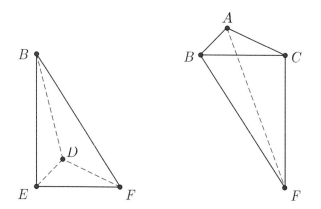

在三角錐 *B–DEF*, *F–ABC* 中，底面 △*DEF* ≅ △*ABC*，且高相等

可得三角錐 *B–DEF*, *F–ABC* 體積相等

三角錐 *B–DEF* 與三角柱 *ABC–DEF* 體積的比例為 1 : 3

1-24 拋物線光學性質

由拋物線焦點 F 所射出的光線，在拋物線上 P 反射後
反射線必平行於對稱軸

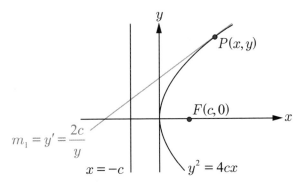

拋物線 $y^2 = 4cx$ 上一點 $P(x, y)$，過 P 作切線，則切線斜率 $m_1 = y' = \dfrac{2c}{y}$

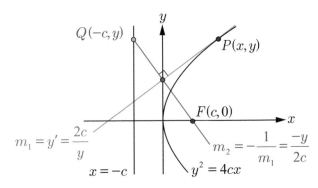

過焦點 F 作切線之垂直線交準線 $x = -c$ 於 Q

則 $m_2 = -\dfrac{1}{m_1} = -\dfrac{y}{2c}$ 且 $Q(-c,\ y)$

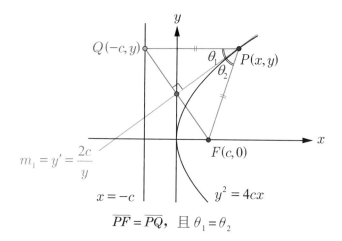

$$\overline{PF} = \overline{PQ}, \quad 且 \; \theta_1 = \theta_2$$

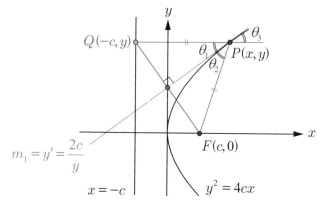

由焦點 F 所射出的光線經 P 反射後與切線夾 θ_3

$$\Rightarrow \quad \theta_2 = \theta_3, \quad 故 \; \theta_1 = \theta_2 = \theta_3$$

C_2 基礎代數

2-01 二元乘法公式

$$(a+b)^2 = a^2 + 2ab + b^2$$
$$(a-b)^2 = a^2 - 2ab + b^2$$

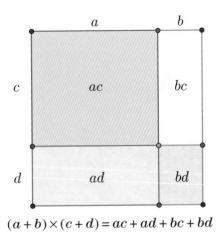

$$(a+b) \times (c+d) = ac + ad + bc + bd$$

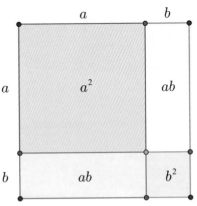

當 $c = a$ 且 $d = b$ 時，$(a+b)^2 = a^2 + 2ab + b^2$

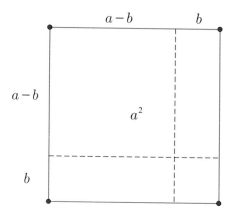

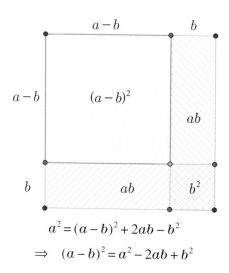

$$a^2 = (a-b)^2 + 2ab - b^2$$

$$\Rightarrow \quad (a-b)^2 = a^2 - 2ab + b^2$$

2-02 二元乘法公式和

$$(a + b)^2 + (a - b)^2 = 2(a^2 + b^2)$$

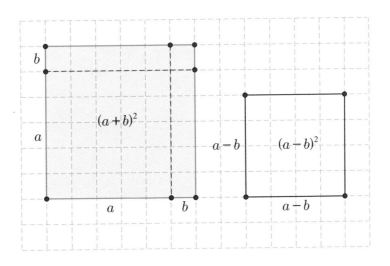

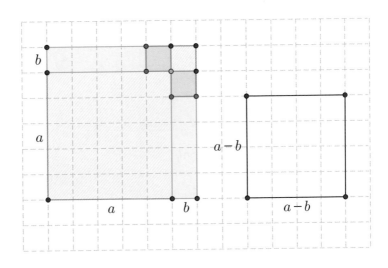

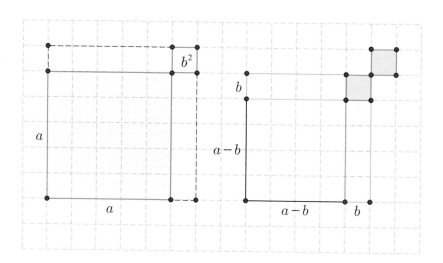

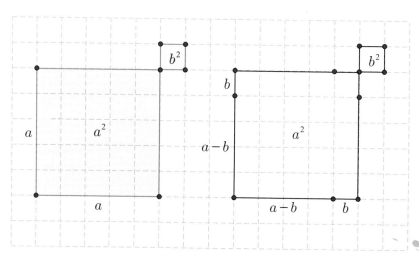

$$(a + b)^2 + (a - b)^2 = 2(a^2 + b^2)$$

2-03 配方法

$$x^2 + ax = (x + \frac{a}{2})^2 - (\frac{a}{2})^2, \quad \forall a,\, x \in \mathbb{R} \text{ 皆成立}$$

以 $a,\, x > 0$ 為圖例

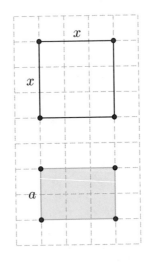

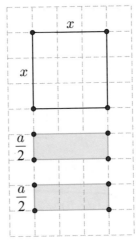

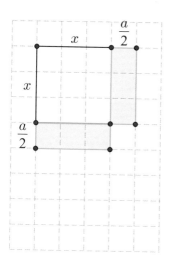

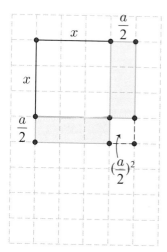

$$x^2 + ax = (x + \frac{a}{2})^2 - (\frac{a}{2})^2$$

2-04 平方差

$$a^2 - b^2 = (a + b) \times (a - b), \quad \forall a, b \in \mathbb{R} \text{ 皆成立}$$

以 $a > b > 0$ 為圖例

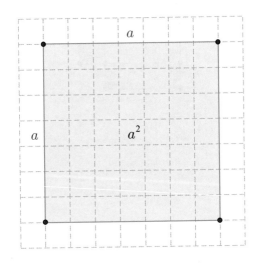

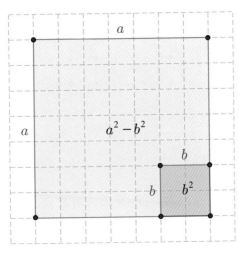

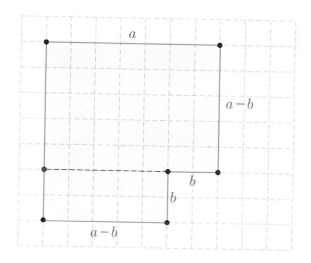

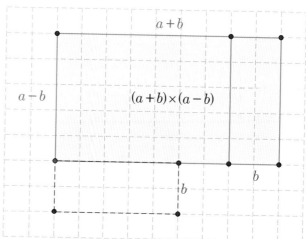

2-05 代數公式

$$(a+b+c)^2 + (a+b-c)^2 + (a-b+c)^2 + (a-b-c)^2$$
$$= (2a)^2 + (2b)^2 + (2c)^2$$

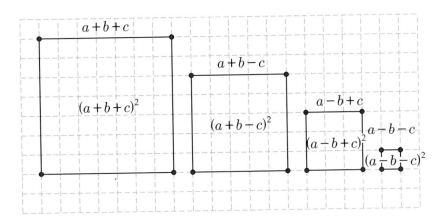

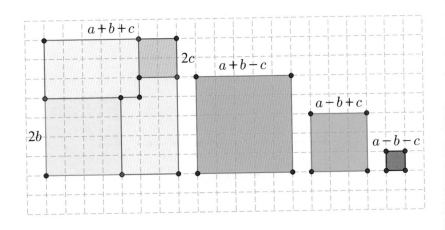

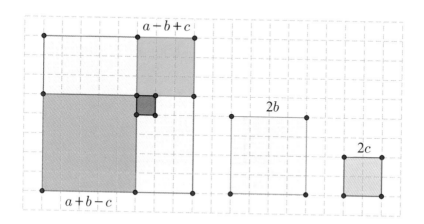

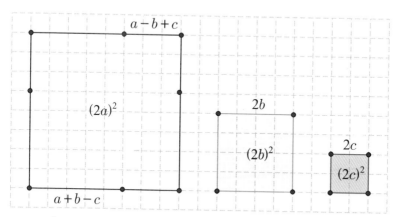

$$(a+b+c)^2+(a+b-c)^2+(a-b+c)^2+(a-b-c)^2=(2a)^2+(2b)^2+(2c)^2$$

2-06 平方和的乘積

$$(a^2 + b^2)(c^2 + d^2) = (ad + bc)^2 + (bd - ac)^2$$

註：Cauchy-Schwarz 不等式 $(a^2 + b^2)(c^2 + d^2) \geq (ad + bc)^2$

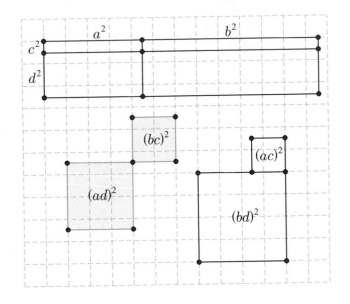

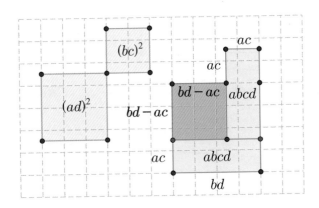

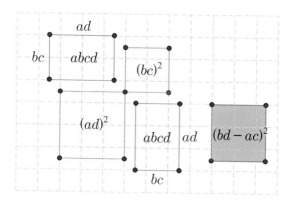

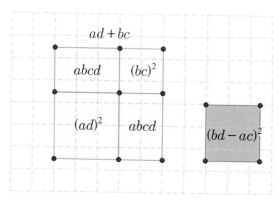

$$(a^2 + b^2)(c^2 + d^2) = (ad + bc)^2 + (bd - ac)^2$$

2-07 等差數列四項連乘積

$$a(a+d)(a+2d)(a+3d) = (a^2 + 3ad + d^2)^2 - (d^2)^2$$

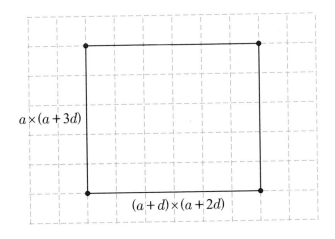

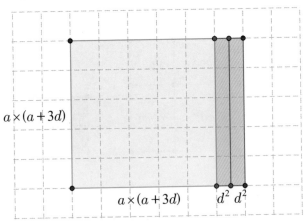

$$(a+d) \times (a+2d) = a \times (a+3d) + 2d^2$$

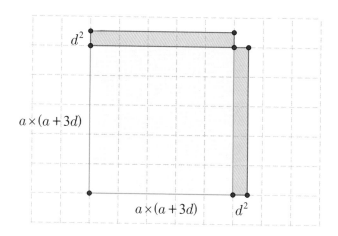

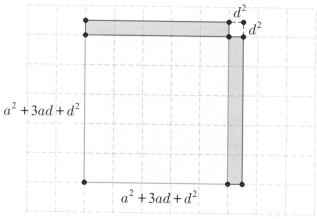

$$a(a+d)(a+2d)(a+3d) = (a^2+3ad+d^2)^2 - (d^2)^2$$

C_3 不等式

3-01 分數不等式 (I)

$$若\ \frac{b}{a} < \frac{d}{c},\ 則\ \frac{b}{a} < \frac{b+d}{a+c} < \frac{d}{c}$$

利用斜率觀點

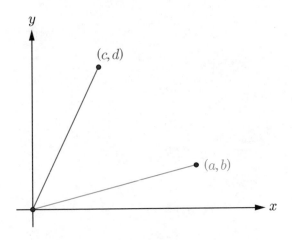

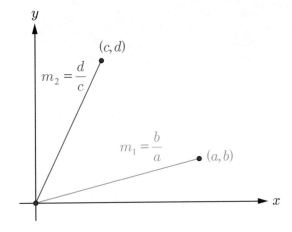

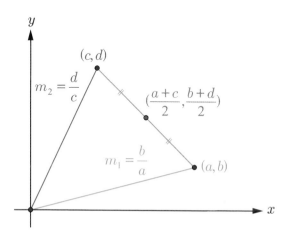

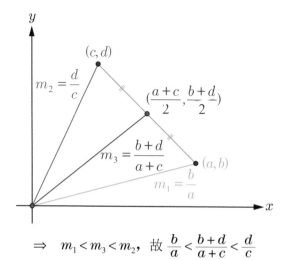

$\Rightarrow \quad m_1 < m_3 < m_2, \quad$ 故 $\dfrac{b}{a} < \dfrac{b+d}{a+c} < \dfrac{d}{c}$

3-02 分數不等式 (II)

若 $\dfrac{b}{a} < \dfrac{d}{c}$，則 $\dfrac{b}{a} < \dfrac{b+d}{a+c} < \dfrac{d}{c}$

利用面積觀點

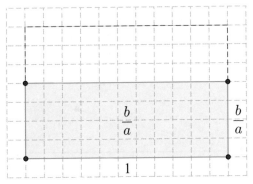

小長方形面積 $= 1 \times \dfrac{b}{a} = \dfrac{b}{a}$

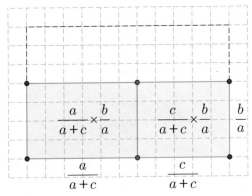

將長度 1 分為 $\dfrac{a}{a+c},\ \dfrac{c}{a+c}$

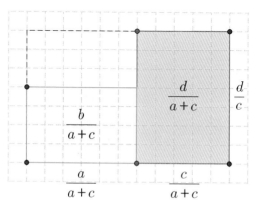

面積總和為 $\dfrac{b+d}{a+c}$

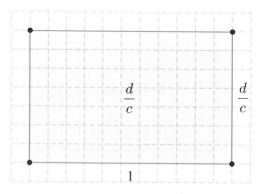

大長方形面積 $= \dfrac{d}{c}$

3-03 分數不等式 (III)

$$若\ \frac{b}{a} < \frac{d}{c},\ 則\ \frac{b}{a} < \frac{b+d}{a+c} < \frac{d}{c}$$

利用斜率觀點

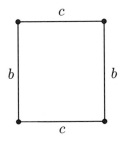

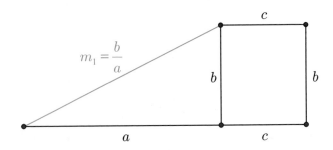

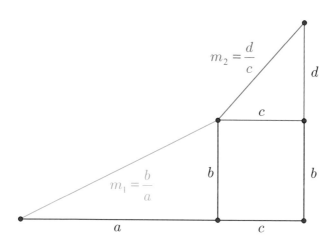

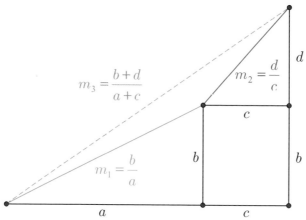

3-04 算幾平均不等式 (I)

兩正數 a, b，將有 $\dfrac{a+b}{2} \geq \sqrt{ab}$

等號成立時的充要條件，$a=b$

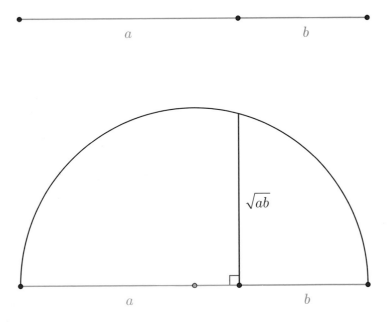

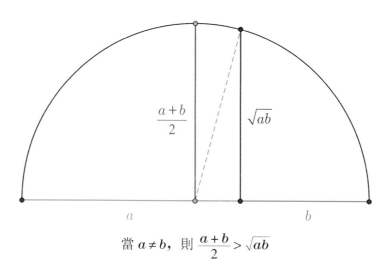

當 $a \neq b$，則 $\dfrac{a+b}{2} > \sqrt{ab}$

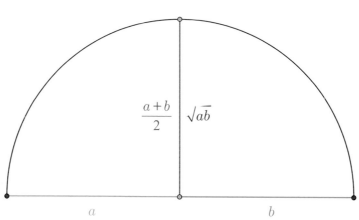

$\dfrac{a+b}{2} = \sqrt{ab}$，等號成立時的條件，$a = b$

3-05 算幾平均不等式 (II)

兩正數 a, b，將有 $\dfrac{a+b}{2} \geq \sqrt{ab}$

等號成立時的充要條件，$a=b$

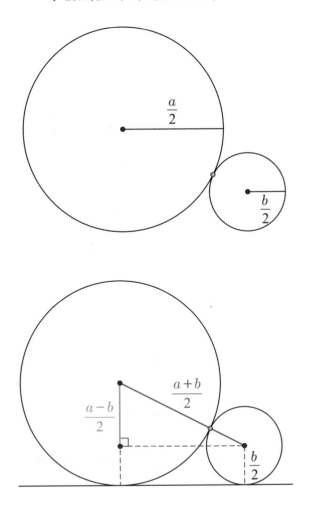

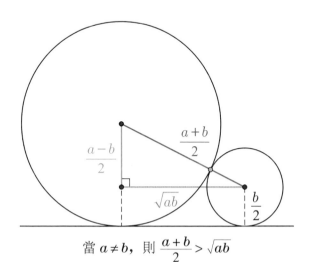

當 $a \neq b$，則 $\dfrac{a+b}{2} > \sqrt{ab}$

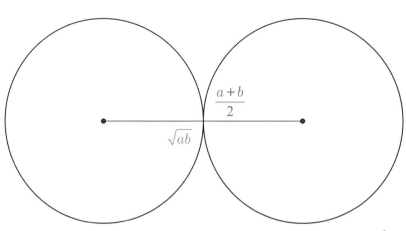

$\dfrac{a+b}{2} = \sqrt{ab}$，等號成立時的條件，$a = b$

3-06 算幾平均不等式 (III)

兩正數 a, b，將有 $\dfrac{a+b}{2} \geq \sqrt{ab}$

等號成立時的充要條件，$a = b$

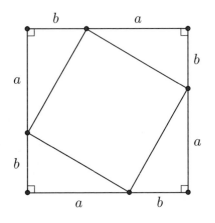

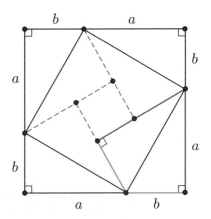

以斜向的小正方形邊長為對稱軸，向內作四個直角三角形

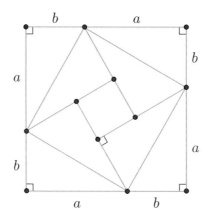

$$(a+b)^2 \geq 8 \times \frac{1}{2}ab, \quad \therefore a+b \geq 2\sqrt{ab}$$

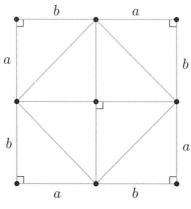

當 $a = b$ 時，等號成立

3-07 算幾平均不等式 (IV)

兩正數 a, b, 將有 $\dfrac{a+b}{2} \geq \sqrt{ab}$

等號成立時的充要條件, $a = b$

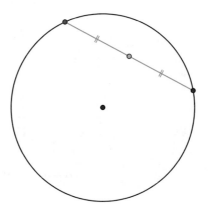

未通過圓心之一弦及其中點

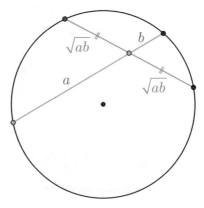

過弦中點作另一弦

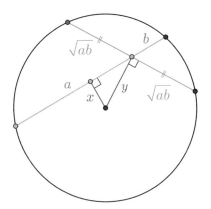

$\because$ 弦心距 $x < y$，$\therefore a + b > 2\sqrt{ab}$ $\Rightarrow$ $\dfrac{a+b}{2} > \sqrt{ab}$

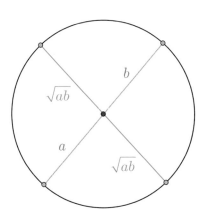

若原先之弦通過圓心，即 $a = b$，則 $x = y = 0$

$$a + b = 2\sqrt{ab} \Rightarrow \frac{a+b}{2} = \sqrt{ab}$$

3-08 算幾平均不等式 (V)

當 $0 < a < b$ 時，將有 $\dfrac{a+b}{2} > \sqrt{ab}$

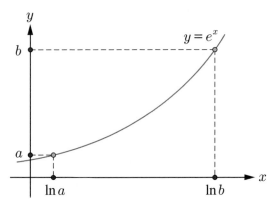

當 $0 < a < b$ 時，在 $y = e^x$ 圖形上取 $(a, \ln a)$, $(b, \ln b)$ 兩點

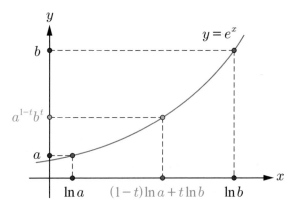

取 $0 < t < 1$，將有 $(1-t)\ln a + t\ln b$ 介於 $\ln a$ 與 $\ln b$ 之間

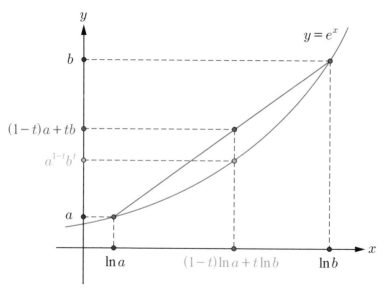

顯然 $(1-t)a+tb > a^{1-t}b^t$，取 $t=\dfrac{1}{2}$，可得 $\dfrac{a+b}{2} > \sqrt{ab}$

3-09 三維算幾平均不等式

三正數 a, b, c, 將有 $\dfrac{a^3+b^3+c^3}{3} \ge abc$ (或是 $\dfrac{a+b+c}{3} \ge \sqrt[3]{abc}$)

等號成立時的充要條件, $a = b = c$

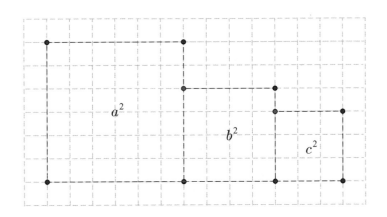

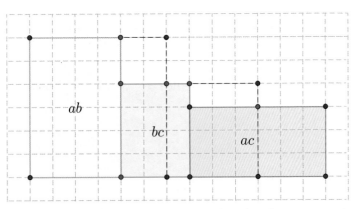

補題: $ab+bc+ca \le a^2+b^2+c^2$

當 $a = b = c$ 時, 則 $ab+bc+ca = a^2+b^2+c^2$

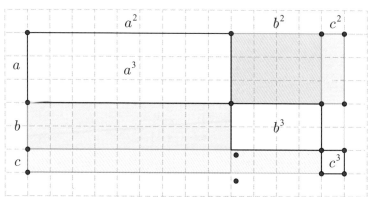

$$3abc \leq a^3 + b^3 + c^3$$

當 $a = b = c$ 時，則 $3abc = a^3 + b^3 + c^3$

3-10 一正數及其倒數和大於或等於 2 (I)

當 $x > 0$，則 $x + \dfrac{1}{x} \geq 2$　　（$\because x + \dfrac{1}{x} \geq 2\sqrt{x \times \dfrac{1}{x}}$）

等號成立時的充要條件，$x = \dfrac{1}{x} = 1$

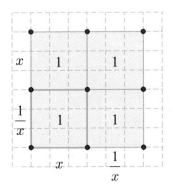

當 $x = \dfrac{1}{x}$ 時，等號成立　$\Rightarrow$　$x + \dfrac{1}{x} = 2$

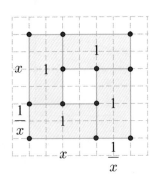

當 $x \neq \dfrac{1}{x}$ 時，有 $(x + \dfrac{1}{x})^2 > 4$　$\Rightarrow$　$x + \dfrac{1}{x} > 2$

3-11 一正數及其倒數和大於或等於 2 (II)

當 $x > 0$，則 $x + \dfrac{1}{x} \geq 2$

等號成立時的充要條件，$x = \dfrac{1}{x} = 1$

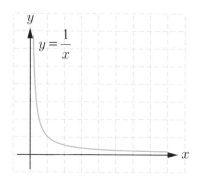

作 $y = \dfrac{1}{x}$ 在點 $(1, 1)$ 之切線，得 $y = 2 - x$

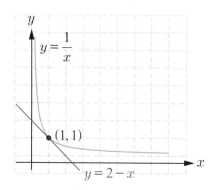

當 $x \geq 1$ 時，$\dfrac{1}{x} \geq 2 - x$ $\Rightarrow$ $x + \dfrac{1}{x} \geq 2$

當交點坐標 $x = 1$ 時，$x + \dfrac{1}{x} = 2$

3-12 一正數及其倒數和大於或等於 2 (III)

當 $x > 0$，則 $x + \dfrac{1}{x} \geq 2$，等號成立時的充要條件，$x = \dfrac{1}{x} = 1$

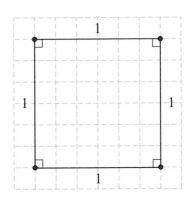

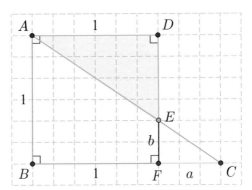

設 $\overline{CF} = a$, $\overline{EF} = b$，則 $a \geq b$，且 $\triangle ABC \sim \triangle EDA$，$\therefore \dfrac{\overline{AB}}{\overline{BC}} = \dfrac{\overline{DE}}{\overline{AD}}$

設 $\overline{BC} = x$ $\Rightarrow$ $\dfrac{1}{x} = \dfrac{\overline{DE}}{1}$ $\Rightarrow$ $\overline{DE} = \dfrac{1}{x}$

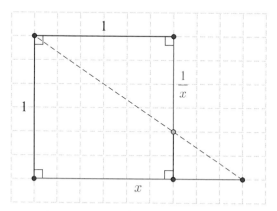

當 $x \geq 1$ 時，$x + \dfrac{1}{x} = (1+a) + \dfrac{1}{x} \geq 1 + (b + \dfrac{1}{x}) = 2 \quad \Rightarrow \quad x + \dfrac{1}{x} \geq 2$

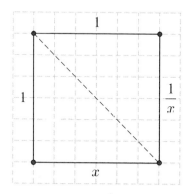

當 $a = b = 0$ 時，即 $x = \dfrac{1}{x} = 1$ 時，$x + \dfrac{1}{x} = 2$

3-13 算術對數幾何平均不等式

兩正數 $a < b$，將有 $\dfrac{a+b}{2} > \dfrac{b-a}{\ln b - \ln a} > \sqrt{ab}$

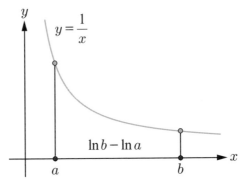

$y = \dfrac{1}{x}$ 在 (a, b) 所圍成的面積為 $\ln b - \ln a$

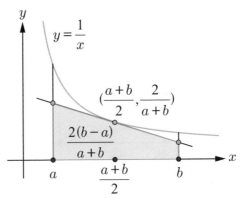

取 $(\dfrac{a+b}{2}, \dfrac{2}{a+b})$，並過 $(\dfrac{a+b}{2}, \dfrac{2}{a+b})$ 作 $y = \dfrac{1}{x}$ 之切線

此切線在 (a, b) 所圍成的面積為 $\dfrac{2(b-a)}{a+b}$

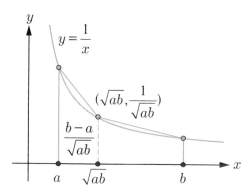

取 $(\sqrt{ab}, \dfrac{1}{\sqrt{ab}})$，並與 $(a, \dfrac{1}{a})$, $(b, \dfrac{1}{b})$ 各點連成兩塊梯形

則梯形面積和為 $\dfrac{b-a}{2\sqrt{ab}} + \dfrac{b-a}{2\sqrt{ab}} = \dfrac{b-a}{\sqrt{ab}}$

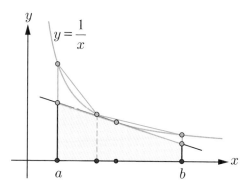

顯然 $\ln b - \ln a > \dfrac{2(b-a)}{a+b}$ $\Rightarrow$ $\dfrac{a+b}{2} > \dfrac{b-a}{\ln b - \ln a}$

又 $\ln b - \ln a < \dfrac{b-a}{\sqrt{ab}}$ $\Rightarrow$ $\dfrac{b-a}{\ln b - \ln a} > \sqrt{ab}$

3-14 算術幾何調和平均不等式

兩正數 a, b，定義

算術平均數 $\dfrac{a+b}{2}$，幾何平均數 $\sqrt{ab}$，調和平均數 $\dfrac{2ab}{a+b}$

則有 $\dfrac{a+b}{2} \geq \sqrt{ab} \geq \dfrac{2ab}{a+b}$，等號成立的充要條件為 $a = b$

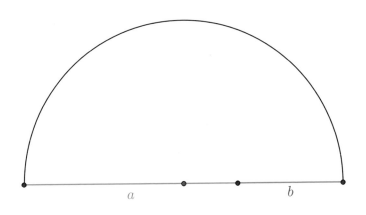

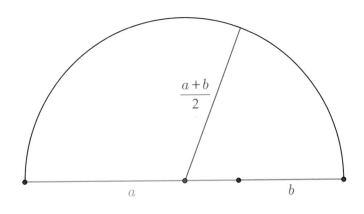

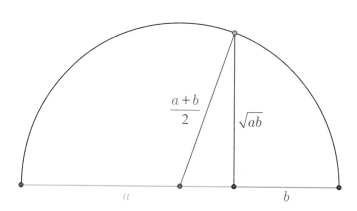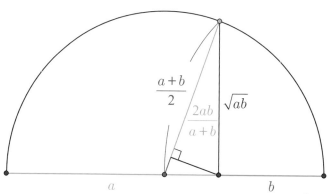

當 $a \neq b$，則 $\dfrac{a+b}{2} > \sqrt{ab} > \dfrac{2ab}{a+b}$

3-15 四大平均不等式 (I)

兩正數 a, b，方均根 $= \sqrt{\dfrac{a^2 + b^2}{2}}$，算術平均數 $= \dfrac{a + b}{2}$

幾何平均數 $= \sqrt{ab}$，調和平均數 $= \dfrac{2ab}{a + b}$

則 $\max\{a, b\} \geq \sqrt{\dfrac{a^2 + b^2}{2}} \geq \dfrac{a + b}{2} \geq \sqrt{ab} \geq \dfrac{2ab}{a + b} \geq \min\{a, b\}$

等號成立的充要條件為 $a = b$

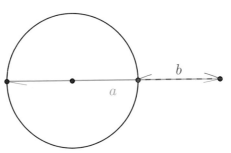

以 $\dfrac{a - b}{2}$ 為半徑畫圓

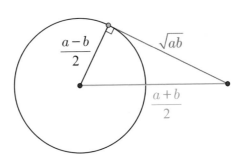

由圓切割性質：切線段長的平方 $= a \times b$，可得切線段長度 $\sqrt{ab}$

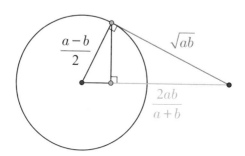

根據相似三角形對應邊長成比例得橘色邊長為 $\dfrac{2ab}{a+b}$

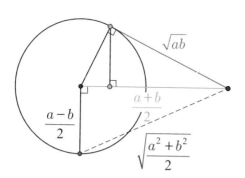

當 $a \neq b$ 時，$\sqrt{\dfrac{a^2+b^2}{2}} > \dfrac{a+b}{2} > \sqrt{ab} > \dfrac{2ab}{a+b}$

3-16 四大平均不等式 (II)

兩正數 $a \neq b$，方均根 $= \sqrt{\dfrac{a^2 + b^2}{2}}$，算術平均數 $= \dfrac{a+b}{2}$

幾何平均數 $= \sqrt{ab}$，調和平均數 $= \dfrac{2ab}{a+b}$

則 $\sqrt{\dfrac{a^2 + b^2}{2}} > \dfrac{a+b}{2} > \sqrt{ab} > \dfrac{2ab}{a+b}$

$\overline{AB} = a,\ \overline{BC} = b,\ \overline{AD} = \overline{CD} = \dfrac{a+b}{2},\ \overline{BD} = \dfrac{b-a}{2}$

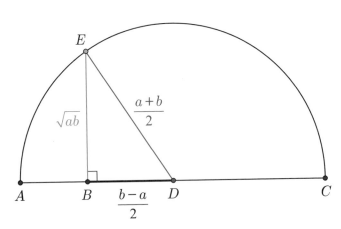

以 D 為圓心，$\dfrac{a+b}{2}$ 為半徑畫弧，作 $\overline{BE} \perp \overline{AB}$ 交圓弧於 E

則 $\overline{DE} = \dfrac{a+b}{2},\ \overline{BE} = \sqrt{ab}$

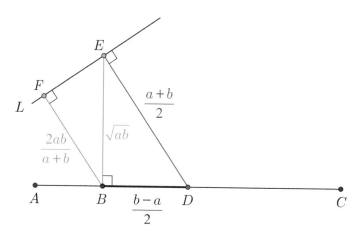

作 $L \perp \overline{DE}$，過 B 作 $\overline{BF} \, / \! / \, \overline{DE}$ 交 L 於 F，則 $\overline{BF} = \dfrac{2ab}{a+b}$

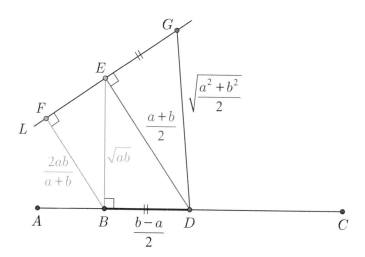

在 L 上取 $\overline{EG} = \overline{BD} = \dfrac{b-a}{2}$，連 $\overline{DG}$，則 $\overline{DG} = \sqrt{\dfrac{a^2+b^2}{2}}$

3-17 四大平均不等式 (III)

兩正數 a, b，方均根 $= \sqrt{\dfrac{a^2+b^2}{2}}$，算術平均數 $= \dfrac{a+b}{2}$

幾何平均數 $= \sqrt{ab}$，調和平均數 $= \dfrac{2ab}{a+b}$

則 $\sqrt{\dfrac{a^2+b^2}{2}} \geq \dfrac{a+b}{2} \geq \sqrt{ab} \geq \dfrac{2ab}{a+b}$

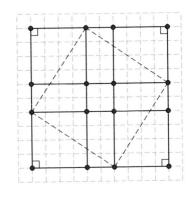

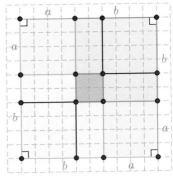

$$2a^2 + 2b^2 \geq (a+b)^2 \quad \Rightarrow \quad \sqrt{\dfrac{a^2+b^2}{2}} \geq \dfrac{a+b}{2}$$

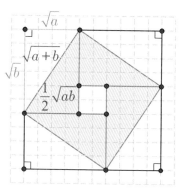

$$(\sqrt{a+b})^2 \geq 4 \times \frac{1}{2} \times \sqrt{a} \times \sqrt{b}, \quad \therefore \frac{a+b}{2} \geq \sqrt{ab}$$

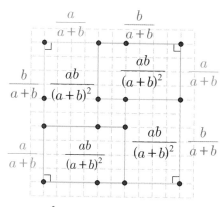

$$1 \geq 4 \times \frac{b}{a+b} \times \frac{a}{a+b} \quad \Rightarrow \quad 1 \geq \frac{4ab}{(a+b)^2}$$

$$\Rightarrow \quad ab \geq \frac{4a^2b^2}{(a+b)^2} \quad \Rightarrow \quad \sqrt{ab} \geq \frac{2ab}{a+b}$$

3-18 算幾平均不等式之應用 (I)

兩正數 x, y，若 $xy = P$，則 $x + y$ 有最小值 $2\sqrt{P}$

此時 $x = y = \sqrt{P}$

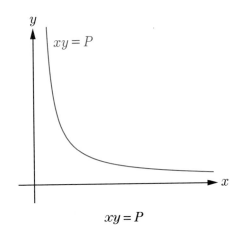

$xy = P$

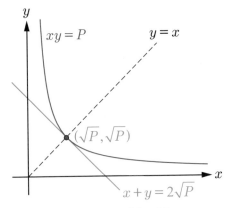

作 $y = x$，得交點 $(x, y) = (\sqrt{P}, \sqrt{P})$，則 $x + y = 2\sqrt{P}$

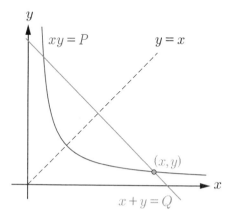

取 $x \neq y$ 時，設 $x + y = Q$

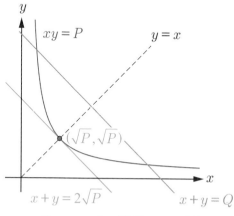

當 $x \neq y$ 時，顯然 $Q > 2\sqrt{P}$

故 $x + y = 2\sqrt{P}$ 為最小值

3-19 算幾平均不等式之應用 (II)

兩正數 x, y，若 $x + y = a$，則 xy 有最大值 $\dfrac{a^2}{4}$

此時 $x = y = \dfrac{a}{2}$

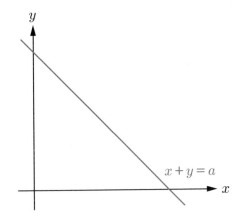

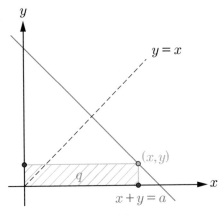

取 $x \neq y$，設 $xy = q$

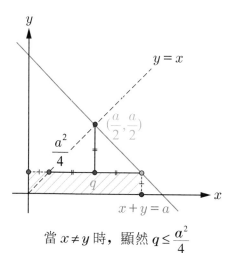

取 $x = y = \dfrac{a}{2}$，則 $xy = \dfrac{a^2}{4}$

當 $x \neq y$ 時，顯然 $q \leq \dfrac{a^2}{4}$

3-20 Cauchy-Schwarz 不等式 (I)

四實數 $a,\ b,\ c,\ d$，將有 $(a^2+b^2)(c^2+d^2) \geq (ac+bd)^2$

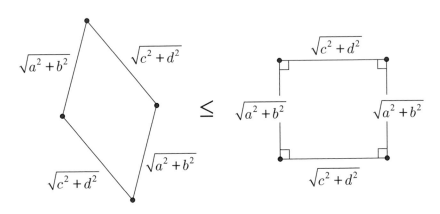

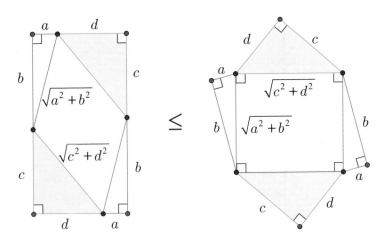

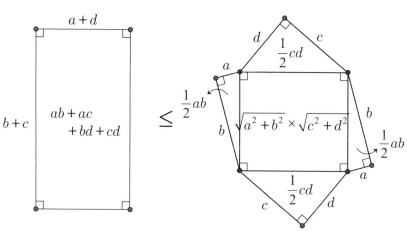

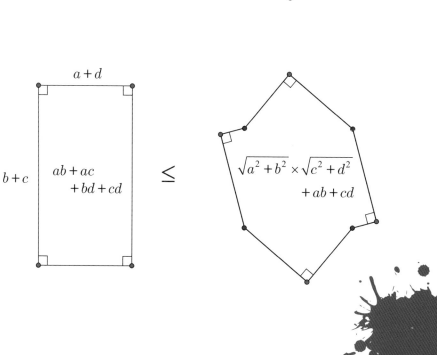

3-21 Cauchy-Schwarz 不等式 (II)

四實數 a, b, c, d，將有 $(a^2 + b^2)(c^2 + d^2) \geq (ac + bd)^2$

等號成立 $\Leftrightarrow \dfrac{a}{c} = \dfrac{b}{d}$

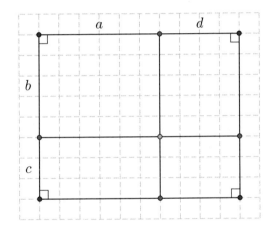

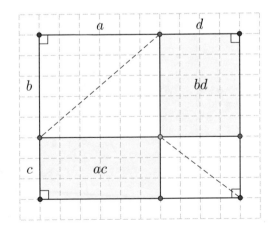

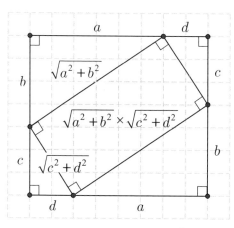

$$ac + bd = \sqrt{a^2 + b^2} \times \sqrt{c^2 + d^2} \times \sin\theta$$

$$(ac + bd)^2 = (a^2 + b^2) \times (c^2 + d^2) \times \sin^2\theta \le (a^2 + b^2) \times (c^2 + d^2)$$

等號成立時，即 $\dfrac{a}{c} = \dfrac{b}{d}$

3-22 Jordan 不等式

當 $0 \le x \le \dfrac{\pi}{2}$ 時，則 $\dfrac{2x}{\pi} \le \sin x \le x$ 或 $\dfrac{2}{\pi} \le \dfrac{\sin x}{x} \le 1$

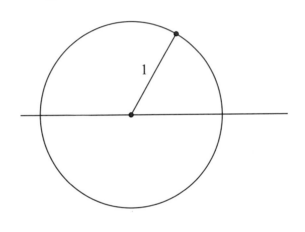

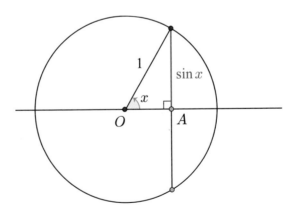

逆時針旋轉 x 弧度，得弦的一半長度為 $\sin x$

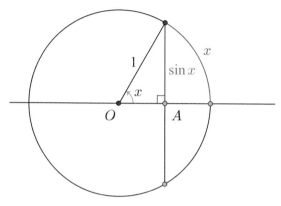

相對應的弧長為 x

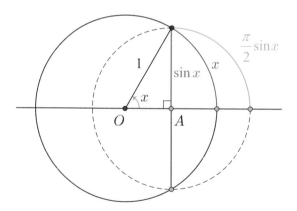

以 A 為圓心，$\sin x$ 為半徑畫虛線圓

得虛線圓上所對應的弧長為 $\dfrac{\pi}{2}\sin x$

當 $0 \leq x \leq \dfrac{\pi}{2}$ 時，$\because \dfrac{\pi}{2}\sin x \geq x$，$\therefore \sin x \geq \dfrac{2x}{\pi}$

又 $x \geq \sin x \implies \dfrac{2x}{\pi} \leq \sin x \leq x$

3-23 Aristarchus 不等式

當 $0 < \beta < \alpha < \dfrac{\pi}{2}$ 時，將有 $\dfrac{\sin\alpha}{\sin\beta} < \dfrac{\alpha}{\beta} < \dfrac{\tan\alpha}{\tan\beta}$

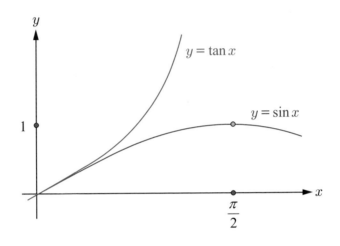

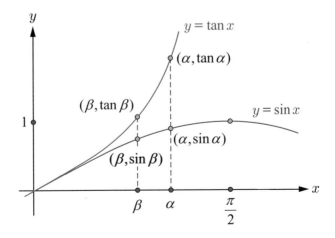

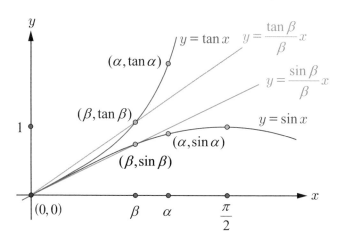

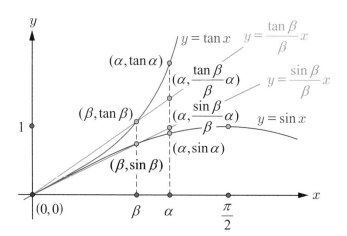

當 $0 < \beta < \alpha < \dfrac{\pi}{2}$ 時，有 $\sin\alpha < \dfrac{\sin\beta}{\beta}\alpha \;\Rightarrow\; \dfrac{\sin\alpha}{\sin\beta} < \dfrac{\alpha}{\beta}$

又 $\dfrac{\tan\beta}{\beta}\alpha < \tan\alpha \;\Rightarrow\; \dfrac{\alpha}{\beta} < \dfrac{\tan\alpha}{\tan\beta}$，故 $\dfrac{\sin\alpha}{\sin\beta} < \dfrac{\alpha}{\beta} < \dfrac{\tan\alpha}{\tan\beta}$．

3-24 指數不等式

歐拉數 e，當 $e \leq a < b$ 時，將有 $a^b > b^a$，例如：$e^\pi > \pi^e$

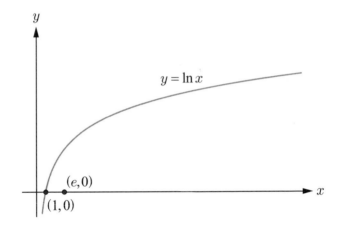

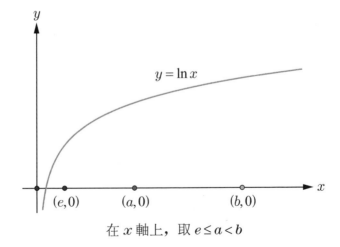

在 x 軸上，取 $e \leq a < b$

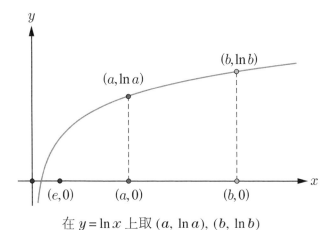

在 $y = \ln x$ 上取 $(a, \ln a)$, $(b, \ln b)$

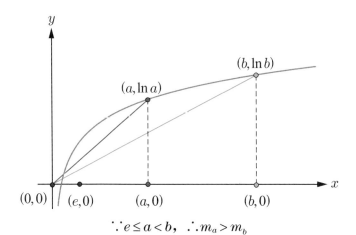

$\because e \leq a < b, \quad \therefore m_a > m_b$

$$\Rightarrow \frac{\ln a - 0}{a - 0} > \frac{\ln b - 0}{b - 0} \quad \Rightarrow \quad b \ln a > a \ln b$$

$$\Rightarrow \quad \ln(a^b) > \ln(b^a) \quad \Rightarrow \quad a^b > b^a$$

3-25 Napier 不等式 (I)

兩正數 $a < b$，將有 $\dfrac{1}{b} < \dfrac{\ln b - \ln a}{b - a} < \dfrac{1}{a}$

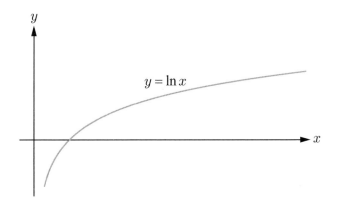

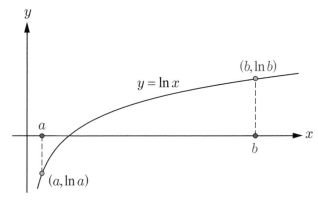

在 $y = \ln x$ 上取 $(a, \ln a)$, $(b, \ln b)$

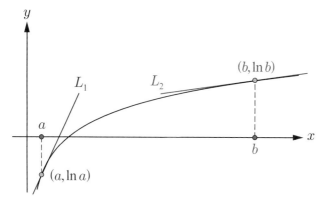

$$\because y = f(x) = \ln x, \quad \therefore f'(x) = \frac{1}{x}$$

$$\Rightarrow \quad m_{L_1} = f'(a) = \frac{1}{a}, \ m_{L_2} = f'(b) = \frac{1}{b}$$

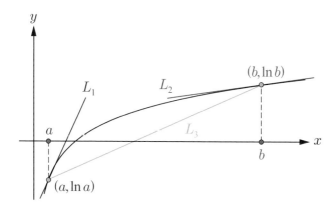

$$m_{L_3} = \frac{\ln b - \ln a}{b - a}$$

$$\Rightarrow \quad m_{L_2} < m_{L_3} < m_{L_1} \quad \Rightarrow \quad \frac{1}{b} < \frac{\ln b - \ln a}{b - a} < \frac{1}{a}$$

3-26 Napier 不等式 (II)

兩正數 $a < b$，將有 $\dfrac{1}{b} < \dfrac{\ln b - \ln a}{b - a} < \dfrac{1}{a}$

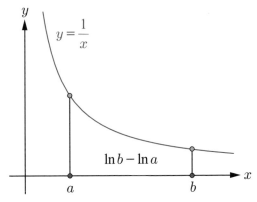

$y = \dfrac{1}{x}$ 在 (a, b) 所圍成的面積為 $\ln b - \ln a$

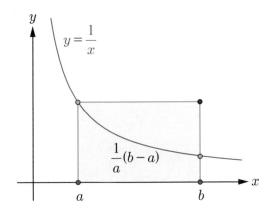

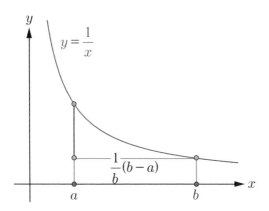

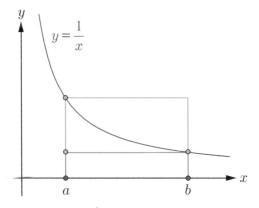

$$\frac{1}{b}(b-a) < \int_a^b \frac{1}{x}dx < \frac{1}{a}(b-a)$$

$$\Rightarrow \quad \frac{1}{b}(b-a) < \ln b - \ln a < \frac{1}{a}(b-a)$$

$$\Rightarrow \quad \frac{1}{b} < \frac{\ln b - \ln a}{b-a} < \frac{1}{a}$$

3-27 發散級數

由 $1 + \dfrac{1}{\sqrt{2}} + \dfrac{1}{\sqrt{3}} + \cdots + \dfrac{1}{\sqrt{n}} > \sqrt{n}$，得級數 $\displaystyle\sum_{k=1}^{\infty} \dfrac{1}{\sqrt{n}}$ 為發散級數

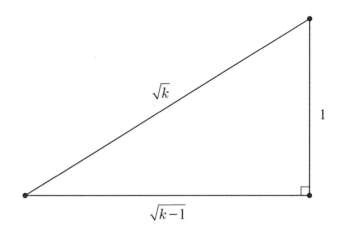

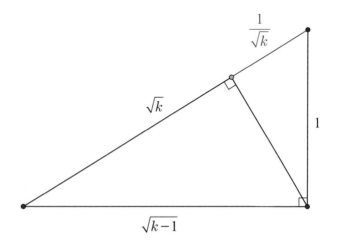

$$\sqrt{k} - \sqrt{k-1}$$

$$\sqrt{k}$$

$$1$$

$$\sqrt{k-1}$$

得 $\dfrac{1}{\sqrt{k}} > \sqrt{k} - \sqrt{k-1}$

$\Rightarrow \quad \dfrac{1}{\sqrt{2}} + \dfrac{1}{\sqrt{3}} + \cdots + \dfrac{1}{\sqrt{n}} > (\sqrt{2} - 1) + (\sqrt{3} - \sqrt{2}) + \cdots + (\sqrt{n} - \sqrt{n-1})$

$\Rightarrow \quad \dfrac{1}{\sqrt{2}} + \dfrac{1}{\sqrt{3}} + \cdots + \dfrac{1}{\sqrt{n}} > \sqrt{n} - 1$

$\Rightarrow \quad 1 + \dfrac{1}{\sqrt{2}} + \dfrac{1}{\sqrt{3}} + \cdots + \dfrac{1}{\sqrt{n}} > \sqrt{n}$

鸚鵡螺數學叢書介紹

數學、詩與美

Ron Aharoni ／著　蔡聰明／

若一位數學家不具有幾分詩人的氣質，那麼他就永遠成2了一位完整的數學家。數學與詩有什麼關係呢？似乎是無關係。數學處理的是抽象的事物，而詩處理的是感情事情。然而，兩者具有某種本質上的共通點，那就是：美

當火車撞上蘋果——走近愛因斯坦和牛頓　張海潮／

一定要學數學嗎？如果沒有數學我的人生會不一樣嗎？本道出數學教育的危機，並讓讀者重新體會數學與生活關係。本書分為四大部分，共收錄 39 篇文章，讓讀者先解數學定理背後的原理，再從幾何著手，體會數學之美。

樂樂遇數——音樂中的數學奧祕

廖培凱／

要把音樂和數學做連結，似乎不太容易，但實際上也沒那麼格格不入。以數學的觀點淺談音階，再引到基本的弦結構，並詳細介紹了古代中西方音階的異同。帶著讀解開音樂與數學的奧祕，體會音樂與數學的密不可分。

數學拾貝
數學拾穗

蔡聰明／著

數學的求知活動有兩個階段：「發現與證明」
先有發現，然後才有證明。

數學公式或定理都不是孤立的，而是處在知識網中的某一個連結點上，要透過推理、類推、歸納、推廣、特殊化等方法論來編織成知識網。作者將多年來對於數學的研究與所寫的文章集結在一起，將許多看似枯燥、困難的數學定理，變得有趣活潑！不但有觀念的釐清，還有延伸內容，期望能對讀者學習數學有更多的幫助與動力。

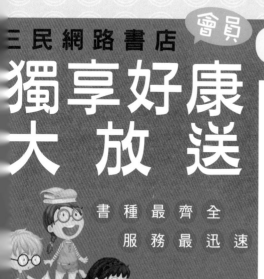

國家圖書館出版品預行編目資料

按圖索驥：無字的證明／蔡宗佑著.－－初版二刷.－
－臺北市：三民，2021
　　面；　公分.－－（鸚鵡螺數學叢書）

　　ISBN 978-957-14-6118-2 （平裝）
　　1. 數學教育 2. 中等教育

524.32　　　　　　　　　　　　　104029114

鸚鵡螺 數學叢書

按圖索驥──無字的證明

作　　　者	蔡宗佑
總 策 劃	蔡聰明
審　　訂	蔡聰明

發 行 人	劉振強
出 版 者	三民書局股份有限公司
地　　址	臺北市復興北路 386 號 (復北門市)
	臺北市重慶南路一段 61 號 (重南門市)
電　　話	(02)25006600
網　　址	三民網路書店 https://www.sanmin.com.tw

出版日期	初版一刷 2016 年 1 月
	初版二刷 2021 年 11 月修正
書籍編號	S314660
I S B N	978-957-14-6118-2

三民書局